Dieses Buch wurde nach den derzeitig neuesten Erkenntnissen umweltfreundlich produziert.

1. Auflage - Nov. 1984
diese 4. Auflage - Aug. 2007

Text: Alfred R. Stielau-Pallas
Lektorat: Gisela Pallas
Grafik/Layout/Design: Alexander Pallas
Fotos: Alfred R. Stielau-Pallas, Seiten 3, 44 und 48: Alexander Pallas
Pauanui Beach, Neuseeland
www.PALLAS-Seminare.de
www.Pauanui.de

ISBN: 978-3-936521-24-5

Pauanui

der Sinn ist das Ziel

Alfred R. Stielau-Pallas

Vorwort

„Er soll einmal ein sinnvolles und erfülltes Leben führen." Dies war der einzige Wunsch, mit dem sie sich beschäftigte. Tag für Tag ging sie am Strand spazieren und sprach mit ihrem Sohn. Obwohl sie ihn noch in sich trug, wußte sie mit Bestimmtheit zwei Dinge. Zum einen wird es ein Junge, und zum anderen wird er ein großartiger Mann werden, der den Menschen den Weg zu einem sinn- und gehaltvollen Leben aufzeigen wird.

Segila war eine einzigartige Frau und hatte sich vorgenommen, auch eine wundervolle Mutter zu sein. Eine Mutter, die ihrem Sohn all' das geben würde, was sich ein Sohn von seiner Mutter wünscht.

Sie wußte um die Bedeutung der Namen und suchte, den Namen zu finden, der für ihren Sohn passen würde. Ihr Mann würde ihre Namenswahl akzeptieren; denn er wußte, daß sie sehr intuitiv war, wenn es um die Angelegenheiten ihres zukünftigen Sohnes gehen würde.

Jeden Tag stellte sie ihre Frage an die Sonne, den Sand und das Meer. Und eines Tages, als sie aufmerksam auf eine Antwort hoffte, fand sie eine große Perlmutt-Muschel im Sand. Das Sonnenlicht ließ sie in allen Farben leuchten, und Segila bedankte sich beim Meer, beim Sand und bei der Sonne für dieses besonders schöne Symbol des Glücks und Reichtums.

In ihrer Landessprache heißt diese Muschelart „Paua". Als ihr Mann die Muschel sah, freute er sich mit ihr über den Fund der „Paua-nui", der großen Paua-Muschel.

Noch in derselben Nacht brachte sie kurz vor Mitternacht ihren Sohn gesund zur Welt. Als Ihr Mann sie nach dem Namen fragte, sagte sie: „Die Sonne, der Sand und das Meer haben mir meine Frage beantwortet. Er soll ‚Pauanui' heißen."

Es war ihr zweiter Sohn, den sie gebar, aber war es dennoch ein und dieselbe Seele? Ihr erster Sohn wurde nur 2 Jahre alt; denn sein Herz war nicht gesund, und so ging er wieder zurück in das andere Reich. Seitdem hatte sie nur einen Wunsch, sie wollte wieder mit ihm zusammen sein. Viel lieber wäre sie damals gleich mit ihm gegangen. Aber sie mußte fast 10 lange Jahre bis auf den heutigen Tag warten und wußte dennoch, daß sie niemals Gewißheit haben würde. Deshalb wollte sie ihn auch lieber als einen zweiten Sohn ansehen.

Pauanui lernte die Lektionen des Lebens sehr schnell und fand seine Freude an den Pflanzen und Tieren, die er bewunderte und schützte. Seine Fragen versetzten seine Mutter nicht in Erstaunen; denn sie erwartete nichts anderes von ihm. Die Gedanken seines Vaters konnte er lesen und schaltete sich so in Gespräche ein, die sein Vater eigentlich nur mit sich selbst führte.

Wenn er mit seinen Eltern spazierenging, dann erzählte er oft bereits vorher die Begebenheiten, die sich heute ereignen würden. Jeder Wunsch schien sich für ihn zu erfüllen. Wenn sein Vater ihm hier und da einen Wunsch abschlug, dann akzeptierte er dies so, als wäre ihm dadurch ein anderer Wunsch erfüllt worden.

„Was muß ich tun, um anderen Menschen zu zeigen, wie sie ihrem Leben mehr Sinn und Gehalt geben können, anstatt sich nur um die täglichen Sorgen, Freuden, Ängste und Hoffnungen zu kümmern?“

„Wenn du andere belehren willst, dann mußt du zuerst selbst ein großer Lebensmeister werden“, antwortete ihm seine Mutter. „Die Menschen werden von dir lernen wollen, wenn du ihnen zeigen kannst, daß du selbst ein sinnvolles und erfolgreiches Leben führst.“

Und so beschloß er, nicht nur Anerkennung, Besitz und Einfluß zu erlangen, eine glückliche Partnerschaft zu führen, später selbst eine kleine Familie zu gründen, um dann als erfolgreich geltender Mann interessierte Zuhörer zu finden, sondern an erster Stelle das zu durchschauen, was er als das „große Spiel“ bezeichnete, und die dahinter versteckte Wahrheit zu entdecken.

„Was ist dein Ziel?“ wollte sein Vater von ihm wissen, als er das elterliche Haus verließ.

„Ich danke dir für deinen Hinweis!“

Sein Vater hatte sich längst daran gewöhnt, daß Pauanui seine Gedanken las.

Zu Hause hatte er gelernt, sich seine wichtigsten Erkenntnisse auf dem Weg zu Glück und Erfolg jeweils nach den Mahlzeiten in Form eines Gebetes bewußtzumachen.

Und so ging er noch am selben Abend nach dem Essen in die Stille.

ICH BIN allem gegenüber offen,
was mich DIR näherbringt.

ICH BIN empfänglich für alles Edle,
Hilfreiche und Wahre.

Als er nach einigen Monaten bereits viel Edles und auch nicht Edles, viel Hilfreiches und viel Ballast, viel Wahres und Unwahres erlebt und gesehen hatte, spürte er, daß es Zeit wurde, sich seines eigentlichen Zieles zu erinnern und nahm eine neue Erkenntnis in seine Gebete auf.

Erst jetzt fühlte er, daß er die ganze Wahrheit des väterlichen Gedankens verstanden hatte.

ICH BIN auf meinem Weg zu DIR
und schaue nur nach vorn.

Allerdings war die Welt zu vielseitig, zu hektisch, zu kurzlebig, zu vordergründig und zu verlokkend, um sich stets nur auf sein ursprünglich gestecktes Ziel zu konzentrieren. Es gab Tage und Wochen, an denen er sich gänzlich in der Welt verlor. Aber schon bald fand er sich auch in deren Verstrickungen wieder und beobachtete, daß er seinen Frieden und seine Harmonie nicht wieder herstellen konnte, indem er dies mit den Mitteln versuchte, mit denen es die anderen Menschen zu schaffen glaubten.

ICH BIN DIR dankbar, daß DU auch dann an mich denkst,
wenn ich DICH vergesse.

ICH BIN DIR dankbar für die Lernprozesse,
die DU mir gibst, wenn ich DICH aus den Augen verliere.

Und mit dieser Erkenntnis konnte er die schwierigen und zuerst unverständlichen Situationen in seinem Leben in innerem Frieden und Harmonie annehmen, auch wenn es ihm nicht immer leichtfiel. Aus diesem Grund ahnte er, daß dies erst die halbe Wahrheit sein konnte.

Als er sich jedoch bewußtmachte, daß er seinen inneren Frieden nur dann wiedererlangte, wenn er sich von allen äußeren Konflikten, Problemen und Widersprüchen löste und sich an die innere Führung wandte, fand er auch die Ergänzung.

ICH BIN DIR dankbar, daß DU nur das Beste für mich willst;
denn alles, was DU für mich tust, dient DEINEM Werk.

In dieser Erkenntnis kann ich DEINE Führung annehmen.

Ihm war klar, daß er sich ohne seine innere Führung immer wieder selbst in Probleme verstrikken würde. Und er hatte auch die Erfahrung gemacht, daß er dann sehr schnell die Lösung dieser Probleme als sein Ziel ansehen würde, um sich bald in noch mehr Problemen und vielen verschiedenen Zielen zu verlieren, die ihn an der Erreichung seines ursprünglichen Zieles immer stärker zweifeln ließen.

Aus diesem Grund nahm er sich IHN bewußt zu seinem Partner und fand heraus, daß der Schöpfer und die Schöpfung eins sein mußten und nur die Vorstellung, vom Schöpfer getrennt zu sein und ein völlig eigenständiges Leben führen zu können, zu Leid und Schmerz führte.

ICH BIN in DIR, und DU bist in mir.
Mein wahres Ich bist DU, worauf sollte ich stolz sein?

DU bist Schöpfer und Schöpfung - DU bist alles, was ist.
Mein Ego ist nur ein Traum.

Diese demütige Erkenntnis änderte seine Vorstellung von Erfolg grundlegend. Er erkannte, daß die meisten Menschen mit ihrer Jagd nach dem, was sie als erstrebenswert ansehen, nur im Kreis laufen. Zwar ändert sich die Kulisse auf ihrer Rundstrecke, aber der Weg bleibt immer derselbe, und jeder nimmt sich selbst die Chance, zu seiner wahren Erfüllung zu gelangen. Einige laufen von Runde zu Runde schneller, andere geben auf, finden die Lösung aber auch nicht.

Als er jedoch auch die zweite Hälfte dieser Wahrheit fand, wußte er gleichzeitig, daß er damit eine große Verantwortung übertragen bekam.

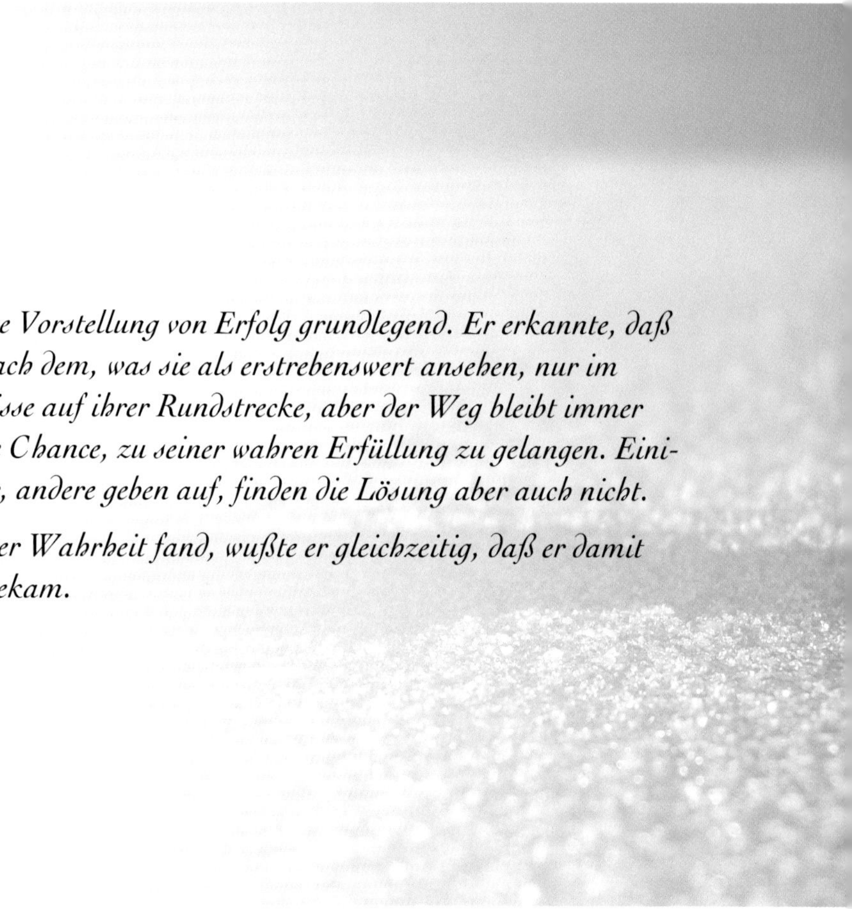

Ich bin in DIR und Du bist in mir und somit
kannst DU alles durch mich erreichen.

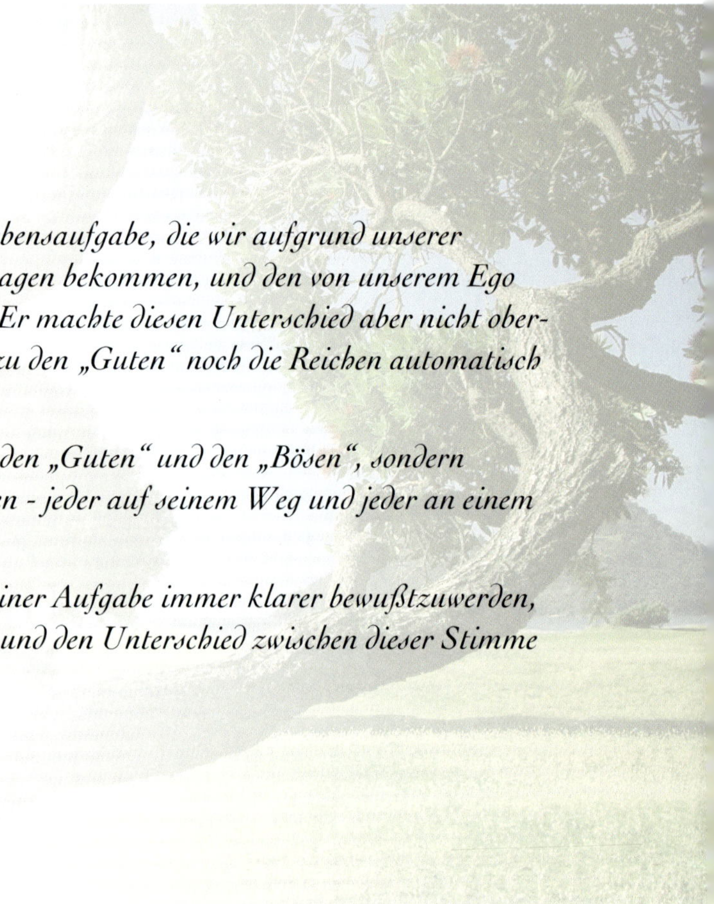

Nun erkannte er den Unterschied zwischen einer Lebensaufgabe, die wir aufgrund unserer eigenen weit zurückreichenden Vorgeschichte übertragen bekommen, und den von unserem Ego stammenden Vorstellungen von Erfolg sehr genau. Er machte diesen Unterschied aber nicht oberflächlich und zählte weder die Armen automatisch zu den „Guten“ noch die Reichen automatisch zu den „Bösen“.

Er machte überhaupt keinen Unterschied zwischen den „Guten“ und den „Bösen“, sondern erkannte, daß sie alle auf ihrer Wanderschaft waren - jeder auf seinem Weg und jeder an einem anderen Punkt.

Tag für Tag ging Pauanui in die Stille, um sich seiner Aufgabe immer klarer bewußtzuwerden, sich seiner Intuition immer stärker anzuvertrauen und den Unterschied zwischen dieser Stimme und seinem Ego klarer zu erkennen.

ICH BIN mir meiner Aufgabe bewußt
und kenne meine Ziele genau.

Aus diesem Grund bin ich in der Lage,
schnelle und richtige Entscheidungen zu treffen.

Seine innere Ruhe wurde immer größer, und es gab Tage, an denen er sich keine Sekunde äußerer Ruhe gönnte. Er konnte manchmal tagelang arbeiten und vollbrachte sehr viel. Und dann gab es wieder Tage, an denen er scheinbar zum normalen Leben zurückgekehrt war. Er gab sich der Entspannung hin und ließ sich durch Spiel und Vergnügen zerstreuen. An diesen Tagen wurde er am wenigsten verstanden; denn es schienen wichtige Arbeiten liegenzubleiben und echte Chancen nicht genutzt zu werden.

Er aber wußte, daß sein Verhalten richtig war; denn er hatte auch für diese Erkenntnis die andere Seite der Wahrheit gefunden. „Ich weiß, daß sich alles zu SEINER Zeit ergibt; denn ER gibt zu SEINER Zeit."

ICH BIN in meinen Gedanken bereits bei DIR
und habe somit mein großes Ziel gedanklich erreicht.

Deshalb brauche ich nichts zu tun, was noch nicht in mir gereift ist.
Und alles, was ich tue, kann ich deshalb aus ganzem Herzen tun.

Inzwischen war er schon sehr erfolgreich; denn er kannte die wichtigsten Spielregeln des Erfolgs und hielt sich auch daran. Wegen seines Erfolgs zog er natürlich viele Menschen an. Einige wollten sich nur in seinem Erfolg sonnen. Andere gönnten ihm den Erfolg nicht und wollten ihn wieder davon abbringen. Wieder andere wollten ihn fördern, weil sie ihre eigene Aufgabe darin sahen, ihn bei seiner großen Aufgabe zu unterstützen und damit ihrem eigenen Lebenszweck zu dienen.

Viele wollten mit ihm sprechen und Antworten auf ihre Fragen haben, aber er schwieg oft; denn er durchschaute vieles. Sein Weitblick schärfte sich aufgrund seiner Erfahrungen mit sich selbst und seinen Mitmenschen immer mehr. Er wußte, daß er sich selbst zu klaren Beziehungen verpflichtet hatte und mußte erneut unter Beweis stellen, daß ihm seine Aufgabe wichtiger war als die Befriedigung seines Egos.

Dies war nicht immer einfach; denn nun gab es immer weniger Menschen, die ihn verstanden. Und wenn seine Freunde erwarteten, daß er sich rechtfertigen sollte, dann gab es Augenblicke, in denen er wieder ganz alleingelassen wurde.

ICH BIN in Harmonie mit mir selbst.

ICH BIN in Harmonie mit allen Wesen
und kann schweigen.

Die Menschen, die ihn inzwischen gut kannten, und davon gab es nur ganz wenige, verstanden zumindest später, warum er manchmal tatenlos zuschaute oder gar schwieg, während sie erwarteten, daß er handeln oder reden sollte. Sie erlebten, daß sich die Dinge trotz aller gegenteiliger Erwartungen zu seinem Vorteil ergaben und konnten dadurch selbst mehr Vertrauen zu ihrer eigenen Intuition gewinnen. „Ich freue mich, wenn ich euch Blickpunkte geben kann, die dazu beitragen, eure Ängste und Schuldgefühle abzubauen."

Er erinnerte sich gern an seine Jugendzeit und an die Gedanken seines Vaters, der immer wieder versucht hatte, ihn zum Verständnis zu bringen, wenn er kritisieren oder richten wollte. Eine seiner schwierigsten Aufgaben bestand darin, für diese Erkenntnis des „Schweigen-Könnens" auch die andere Hälfte der Wahrheit zu finden und zu praktizieren.

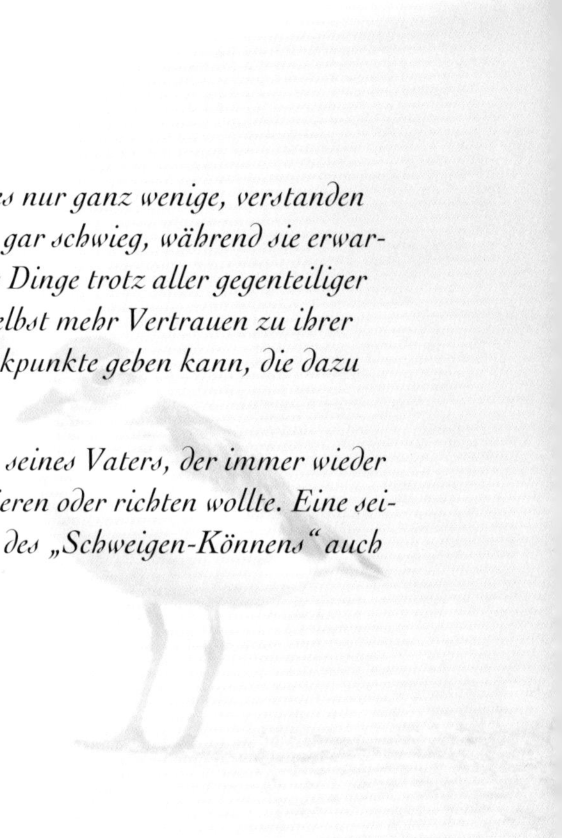

ICH BIN DEIN Sprecher und rede gern,
wenn meine Worte DICH erfreuen.

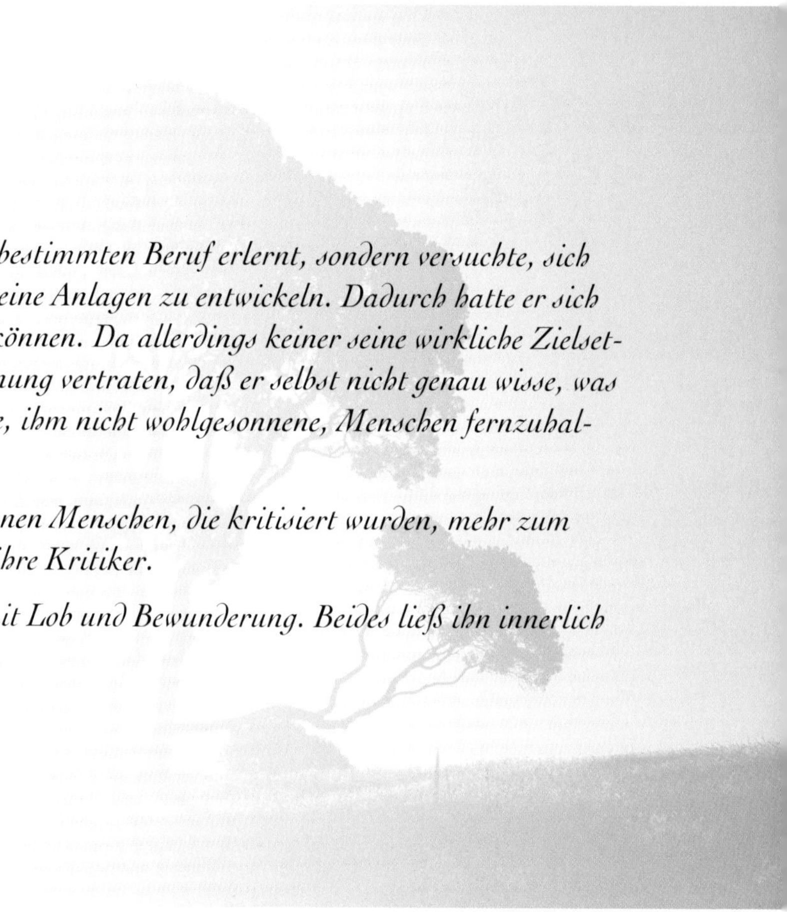

Aufgrund seiner Zielsetzung hatte er keinen bestimmten Beruf erlernt, sondern versuchte, sich möglichst vielseitig zu informieren und alle seine Anlagen zu entwickeln. Dadurch hatte er sich bald den Ruf erworben, überall mitreden zu können. Da allerdings keiner seine wirkliche Zielsetzung kannte, gab es ebenso viele, die die Meinung vertraten, daß er selbst nicht genau wisse, was er wolle. Sie trugen aber nur dazu bei, andere, ihm nicht wohlgesonnene, Menschen fernzuhalten.

Er machte sich die vielen Beispiele klar, in denen Menschen, die kritisiert wurden, mehr zum Wohl der Menschheit beigetragen haben als ihre Kritiker.

Er konnte also mit Kritik ebenso leben wie mit Lob und Bewunderung. Beides ließ ihn innerlich unberührt.

ICH BIN vielseitig und talentiert.

Alle meine Fähigkeiten gabst DU mir,
um anderen zu zeigen, zu was ich imstande bin,
wenn ich DICH durch mich wirken lasse.

Von Zeit zu Zeit zog er sich mehrere Wochen zurück und war für keinen zu sprechen. Obwohl seine Freunde dies akzeptierten, fiel es ihnen doch schwer, in dieser Zeit ohne seine Anwesenheit auszukommen. Sie hörten sonst täglich seine Worte und wußten, daß er ihnen alle Fragen beantwortete. Er aber wußte, daß er sie vor allen Dingen lehren mußte, selbständig zu denken und zu handeln, damit sie nicht von ihm abhängig wurden.

Nachdem sein Wirken immer deutlicher wurde und sich bereits viele Menschen für seine Worte interessierten, wollten seine Freunde mehr Aufmerksamkeit und Interesse für ihn erwecken. Pauanui aber war überhaupt nicht daran interessiert; denn er sagte stets:

„ER wird uns die Menschen senden, die zu uns kommen sollen."

Aber er mußte diese Worte fast täglich wiederholen; denn kein anderer hatte so tiefes Vertrauen in IHN wie er.

ICH BIN in DIR, und DU bist in mir.

Dieses Wissen ist mir genug, so daß es mir leichtfällt,
mich in dieses Bewußtsein zurückzuziehen und für andere völlig unbemerkt zu bleiben,
wenn es DEIN Werk erfordert.

Täglich wollten seine Freunde ihn in seinen Entscheidungen beeinflussen; denn sie wollten an dem festhalten, was bereits erreicht war. Sie wollten aus den Erfahrungen Prinzipien machen und von den jeweiligen Gegebenheiten Dogmen ableiten. Auch wenn es darum ging, einen Freund zu gewinnen oder zu halten, drängten sie ihn immer wieder, seinen Einfluß geltend zu machen. Er aber ließ die Dinge geschehen; denn er wußte, daß die wirkliche Quelle des Erfolgs nicht in bestimmten Umständen, Menschen, Verbindungen oder Beziehungen zu finden war.

Gerade in dieser Zeit wurde er oft angegriffen und kritisiert. Herzlos, verantwortungslos und gewissenlos wurde er genannt. Doch er hatte Verständnis für sie; denn er wußte, daß es ihnen noch an Weisheit fehlte.

„Wir sollten uns nicht von den Flußläufen abhängig machen, durch die wir Zärtlichkeiten, Geld, Liebe, Anerkennung oder anderes bekommen. Die wirkliche Quelle ist ER, und ER wechselt die Flußläufe."

DU allein bist die Quelle meines Erfolgs und meiner Glückseligkeit,
die Quelle der Liebe und der Freude.

ICH BIN dankbar, daß ich mich nicht an irgend etwas binden muß und daß DU
mich immer wieder mit neuen Menschen und Gegebenheiten überraschst und erfreust.

In dieser Zeit fiel es ihm nicht immer leicht, sich an alle Erkenntnisse zu halten. Und wenn er angegriffen wurde und wußte, daß es der Sache dienlicher ist, sich schweigend zurückzuziehen, anstatt sich öffentlich zu rechtfertigen, fühlte er sich oft als der einsamste Mensch auf dieser Welt. Nur seine Gewißheit, daß seine Verantwortung, sein Gewissen und sein Herz auf einer viel höheren Ebene angesiedelt waren, ließ ihn auch die andere Hälfte dieser Wahrheit stets in seinem Bewußtsein tragen.

„Wenn wir uns von unserem Ego leiten lassen, dann können wir nicht frei für IHN sein."

Er erwartete von keinem seiner Freunde Anhänglichkeit oder gar Gehorsam. Während der gesamten Zeit unternahm er keinen Versuch, einen anderen zu beeinflussen. Und zugleich war auch die Zeit vorbei, in der er sich ausnutzen ließ; denn die Wahrheiten für den Umgang mit Menschen hatte er schon lange erkannt.

Nun fühlte er, daß die Zeit gekommen war, für eine Partnerin offen zu sein. Er wußte, daß es nur eine richtige für ihn geben wird und daß sie sich auf den ersten Blick erkennen würden.

ICH BIN DIR treu und erfülle das,
was DU mich erkennen läßt.

Ich will mit den Menschen sein,
die DU mir gibst.

Einige waren bereits seit einigen Jahren in seiner Nähe und suchten die Selbstverwirklichung oder Erleuchtung. Sie wunderten sich, daß er darüber noch kein Wort gesprochen hatte, obwohl andere geistige Lehrer zuallererst darüber sprachen und ihre Schüler damit in ihren Bann zogen.

„Solange wir nicht alle unsere Wünsche äußerlich oder innerlich erfüllt haben, bis nur noch der eine Wunsch übrigbleibt, werden wir nicht aus ganzem Herzen in Harmonie mit uns selbst sein können."

Für viele galt er als zu weltlich, weil er reich und sogar verheiratet war. Er wußte, daß seine Frau zur rechten Zeit in sein Leben gekommen war; denn er wollte ein ‚normales' Leben führen, um anderen nicht die Ausrede zu lassen, daß es im ‚normalen' Leben ganz anders zuginge. Und somit sprach er auch nicht von „mir" und „euch", sondern von „uns".

Fragen nach dem Leben im Jenseits beantwortete er stets so:
„Laßt uns doch erst einmal im Hier und Jetzt leben, bevor wir an den Tod denken. Aber eine Hälfte der Wahrheit können wir uns schon vergegenwärtigen."

ICH BIN dankbar für den heutigen Tag, den DU mir schenkst.

Jeden Tag will ich DIR widmen,
damit DU Freude an mir hast und ich DIR immer näherkomme.

Viele seiner früheren Kritiker waren inzwischen seine aufmerksamsten Schüler geworden, und er wußte aufgrund seiner eigenen Erfahrung, daß Kritik nur eine noch nicht entwickelte Reifestufe anzeigt; denn er kritisierte schon lange keinen Menschen mehr.

Diese Erkenntnis, auf der einen Seite nichts und niemanden zu kritisieren und auf der anderen Seite nichts und niemanden zu dulden, der ihn auf dem Weg zu seinem Ziel abbringen wollte, erforderte ein glasklares Unterscheidungsvermögen und eine unbestechliche Konsequenz sowie große Liebe zu allen Geschöpfen.

Immer wieder wurde er auf diesen Prüfstein gestellt, und als er ihm über lange Zeit standhielt, wußte er, daß er sein Ziel bald erreicht haben würde und daß sein Ziel – reif zu sein, andere Menschen zu lehren – gleichzeitig das Ende seiner Lehraufgabe darstellen würde, um anderen diese Aufgabe übertragen zu können.

Die eine Hälfte dieser Wahrheit nannte er Vorsicht. „Wir können IHM blind vertrauen, aber nicht unserem Ego. Solange wir unser Ego noch nicht unter Kontrolle haben, sollten wir sehr wachsam sein!“

ICH BIN offen für DEIN Wort und weiß,
daß DU mich so leitest,
daß ich mir meines Weges stets sicher sein kann.

Er wußte, daß dann Vorsicht geboten war, wenn er sich nur auf seinen Intellekt verließ, wenn er dem Ego zuviel nachgab und sich auf dieser Stufe mit den Menschen einließ. Aus diesem Grund fiel es ihm leicht, die andere Seite dieser Wahrheit zu beachten. Ja, er hielt es inzwischen für viel mutiger, vorsichtig zu sein und für viel vorsichtiger, mutig zu sein.

*„Sich dem Ego zu beweisen, fördert unser Ego.
Sich IHM zu beweisen, fördert unser Vertrauen in IHN."*

Pauanui kannte die wirkliche Quelle und konnte heute nur noch darüber lächeln, wie sehr er früher noch dem materiellen Besitz vertraute, um diesen als Sicherheit zu sehen. Heute wußte er, daß alles Morgige viel ungewisser sein würde, wenn er sich nur auf das Materielle verlassen würde.

ICH BIN in DIR, und DU bist in mir.
DU geleitest mich nur in das,
was mich DIR näherbringt.

Sein Einflußbereich vergrößerte sich fast von Tag zu Tag. Und seine Tätigkeit brachte ihm ansehnlichen Reichtum. Auch in diesem Stadium gab es Kritiker, die ihm vorwarfen, daß er die Menschen verblenden würde, nur um sich an ihnen zu bereichern. Er aber tat nichts, um Besitz an sich zu ziehen. Es wurde ihm von allen Seiten etwas zugetragen. Pauanui lebte mit seiner kleinen Familie ein sehr bescheidenes Leben im Luxus. Er aß nur, um seinen Körper zu erhalten, aber er aß auch nur das Beste, das er seinem Körper geben konnte. Er konnte über alles verfügen, aber dennoch besaß er nichts; denn er wurde von nichts besessen.

„Warum sollten wir arm und mittellos sein, anstatt mit den bestmöglichen Mitteln unsere Aufgabe zu erfüllen? Ist es etwa ehrenswert oder lobenswert, sich die Füße zu fesseln, wenn ER uns ruft?“

ICH BIN in DEINEM Werk, und DU gibst mir alles,
was ich brauche, um DIR zu dienen.

DIR geht es darum, daß ich DEIN Werk erfülle.
Und darum gibst DU mir alles, was mir hilft, dies zu tun.

Die andere Hälfte dieser Wahrheit zu erkennen, hatte Jahre gedauert; denn er hatte sich immer danach gesehnt, endlich seiner Aufgabe gerecht werden zu können, um anderen Menschen den Weg zu Glück und Erfolg aufzuzeigen. Wie oft hatte er IHN gefragt: „Warum hilfst DU mir nicht, die Menschen auf den Weg zu DIR zu führen? Warum gibst DU anderen Reichtum, die ihn nur gebrauchen, um damit Krieg zu führen und andere Menschen zu töten?“

Er mußte erst sein Ego vollends unter Kontrolle haben, um auch dies zu erkennen. Wie erlösend war jedoch die Antwort; denn er erkannte, daß er von einer nicht zu tragenden Verantwortung verschont geblieben war.

„Wer etwas besitzt, hat das Ziel verfehlt; denn nun ist der Besitz sein Ziel, und für die Erreichung des eigentlichen Zieles - nämlich den Sinn zu erkennen - fehlt die Energie.“

ICH BIN DIR dankbar, daß ich alles,
was DU mir gibst, nur zu verwalten brauche.

Und ICH BIN dankbar, daß DU mir nur das gibst,
was ich auch verwalten kann.

Auch wenn er von anderen nie Gehorsam verlangte, so war er selbst doch bereit, stets seiner Intuition Folge zu leisten. Er hatte genug Selbstdisziplin, um, ohne zu fragen, das zu tun, was seine innere Stimme von ihm forderte. Die Zeit der Diskussionen war lange vorbei. Wenn seine Schüler diskutierten, um ihn dann zu fragen, wer von ihnen recht hätte und welche Meinung die richtige sei, dann sagte er Ihnen:

„Solange wir uns erhoffen, mit Diskussionen die Wahrheit zu finden, werden wir lange diskutieren können."

ICH BIN stets im Einklang mit meiner innersten Überzeugung.

So werde ich nur das tun, was DU von mir erwartest.

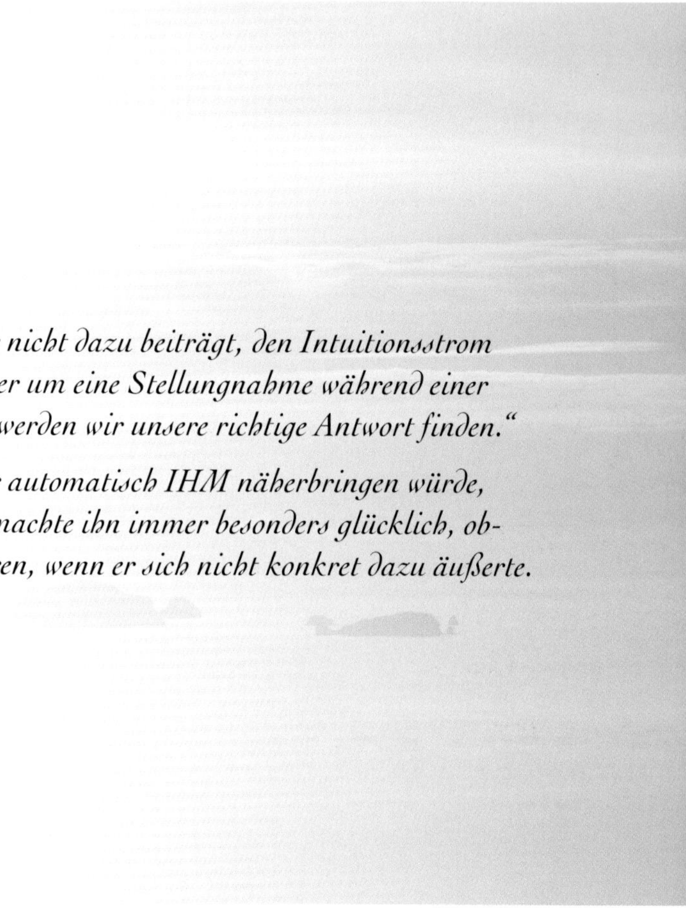

Er wußte, daß diskutieren nur das Ego fördert, aber nicht dazu beiträgt, den Intuitionsstrom zu öffnen. „Frag dich selbst", sagte Pauanui, wenn er um eine Stellungnahme während einer Diskussion gebeten wurde: „Denn nur in uns selbst werden wir unsere richtige Antwort finden."

Er wußte, daß er mit diesem Vorgehen seine Schüler automatisch IHM näherbringen würde, ohne sie in irgendeiner Weise zu beeinflussen. Dies machte ihn immer besonders glücklich, obwohl seine Schüler manchmal verärgert darüber waren, wenn er sich nicht konkret dazu äußerte.

ICH BIN DIR dankbar für die Macht,
andere zu beeinflussen, ohne sie in ihrem freien Willen einzuengen.

ICH BIN DIR dankbar,
daß ich diese Macht benutzen darf, um andere zu DIR zu führen.

Pauanui wußte genau, daß er diese Macht nur im Sinne seiner eigenen Aufgabe einsetzen durfte und daß seine ganze Persönlichkeitsentwicklung einen enormen Rückschlag erleiden würde, wenn er der Versuchung unterliegen sollte, egoistische Motive in den Vordergrund treten zu lassen. Für ihn war dies jedoch schon lange kein Gedanke mehr, aber er wußte um die Verantwortung, die er für seine Schüler trug. Dafür erhielt er stets innere Führung und vernachlässigte keines seiner Gebete; denn eines war so wichtig wie das andere, und für jede Erkenntnis gab es zwei Seiten.

Jeder wunderte sich über seinen nie versiegenden Energiestrom, seine endlose Geduld und sein Verständnis für alles und jeden. Und wenn er nach dem Geheimnis gefragt wurde, dann antwortete er:

„Wir dürfen nicht meinen, daß wir die Lebens-Energie aus uns selbst beziehen. Wir sollten uns nicht fragen, wem, was und wie oft wir alles verzeihen müssen. Wir sollten nicht nach recht und unrecht, nach richtig und falsch, nach gut und böse fragen. Laßt uns dankbar sein für das, was ist, und auch für das, was noch nicht ist."

ICH BIN wie die Sonne und strahle mit meiner Liebe auf alles und jeden -
- ohne Unterschied.

Und mit jedem Strahl meiner Liebe erhöhe ich den Durchfluß DEINER Liebe;
denn ICH BIN DEIN Kanal.

Seine Schüler wollten natürlich gern wissen, ob er inzwischen „erleuchtet“ war; denn wenn sie sich mit Jüngern anderer „Meister“ unterhielten, hätten sie auch gern einen „Erleuchteten“ oder „Heiligen“ vorgewiesen. Er aber ließ es gar nicht erst zu solchen Fragen kommen.

„Zuerst sehnen wir uns nach Anerkennung und weltlichen Ehren. Aber sobald wir mehr als die langerhoffte Anerkennung bekommen, ist unsere Demut so groß, daß unser größter Wunsch darin besteht, IHM diese Anerkennung zukommen zu lassen. Und es wird eine neue Aufgabe für uns sein, dies ständig in unserem Bewußtsein zu tragen.“

Für ihn gab es nun weder Zuneigung noch Ablehnung, weder Vorzug noch Benachteiligung, weder Befürwortung noch Verneinung. Für ihn gab es nur das immerwährende Sein, das ewig gültige Wort von IHM.

ICH BIN in DEINER Liebe. DEINE Liebe ist meine Lebenskraft.
Wenn ich nur einen Augenblick ohne DEINE Liebe wäre, so wäre ich nicht mehr.

ICH BIN diese DEINE Liebe, und alles andere ist unwichtig -
und dafür bin ich dankbar.

Er hatte seinen Lebenszweck erreicht und bestätigt bekommen, was ihm seine Mutter mit auf den Weg gegeben hatte. Erst als er selbst ein glückliches und erfolgreiches Leben führte, kamen die Menschen zu ihm, um von ihm zu lernen. Ein erfülltes und sinnvolles Leben lag hinter ihm. Viele Menschen waren gekommen und gegangen. Jeder bekam durch seine Worte eine Gelegenheit, sein Leben selbst in die Hand zu nehmen, um es mit Sinn und Gehalt zu erfüllen. Über jeden kleinen Fortschritt seiner Schüler war er glücklich und dankbar, obwohl er sie manchmal gern zu mehr Anstrengung angespornt hätte. Er wußte jedoch, daß es ebenso wichtig war, ihnen ihre eigenen Fortschritte bewußtzumachen, damit sie selbst erkennen würden, daß sie sich und ihr Leben ändern konnten und somit allein die Verantwortung für ihr Leben trugen.

Natürlich wartete er auf die Frage nach der anderen Hälfte der Wahrheit zur Selbstverwirklichung. Gleichzeitig wußte er, daß dies die Zeit sein würde, wo er sich von ihnen zurückziehen müsse, um sie ganz freizulassen, damit sie sich ihrer Aufgabe widmen konnten, die nun auf sie wartete.

Immer wieder machte er ihnen klar, daß sie nicht nur predigen, nicht moralisieren, nicht beeinflussen, sondern vorleben sollten. „Wenn wir in Liebe und Harmonie mit uns und unserer Umwelt sind, dann sind wir die wahren Friedensbringer auf dieser Erde. Denn nur wenn sich der Einzelne seiner eigenen Bestimmung widmet, sich selbst ändert, anstatt andere ändern zu wollen, wird diese Erde ihren Frieden bekommen. Sobald wir die letzte große Wahrheit als Teil unseres eigenen wahren Selbstes erkennen, ohne die anderen Wahrheiten zu vernachlässigen, werden wir zu Botschaftern der Liebe und des Friedens, ohne ein Wort sprechen zu müssen.“

ICH BIN Geist und habe einen Körper,
den ich jederzeit ablegen kann,
ohne dadurch mehr oder weniger zu sein.

Produkte von Alfred R. Stielau-Pallas:

zum Lesen:

- *endlich Erfolg & Erfüllung*
  ISBN: 978-3-936521-18-4
- *Die ZEHN GEBOTE des Erfolgs*
  ISBN: 978-3-936521-19-1
- *Ab heute erfolgreich*
  ISBN: 978-3-936521-03-0
- *ein edler Charakter - ein höheres Bewußtsein*
  ISBN: 978-3-936521-23-8
- *Märchenhafte Freiheit*
  ISBN: 978-3-936521-01-6
- *Motiviere Dich Selbst - sonst manipulieren Dich andere*
  ISBN: 978-3-936521-06-1
- *Die Macht der Dankbarkeit*
  ISBN: 978-3-936521-11-5
- *Die Macht der Dankbarkeit - Dankbarkeits-Tagebuch*
  ISBN: 978-3-936521-12-2
- *... auch Du bist - ein Engel auf Erden*
  ISBN: 978-3-936521-09-2

zum Anhören und Ansehen:

- *lieber reich UND gesund*
  ISBN: 978-3-936521-04-7 **- CD**

CD-Reihe
Das Navigations-System fürs Leben -

- *Zieleingabe: Erfolg*
  ISBN: 978-3-936521-16-0 **- CD**
- *Routenwahl: Be Happy*
  ISBN: 978-3-936521-17-7 **- CD**
- *Zielführung abbrechen: „Nein" sagen*
  ISBN: 978-3-936521-20-7 **- CD**
- *Meine LebensReflektionen - Dieses Leben ist MEIN Leben*
  ISBN: 978-3-936521-21-4 **- DVD**
  ISBN: 978-3-936521-26-9 **- CD**
- *Glück & Erfolg - Dreh Deinen eigenen Lebensfilm!*
  Konzentiertes Schriftmaterial, 1 DVD & 3 CDs
  ISBN: 3-936521-22-0

VISION • ETHIK • ERFOLG

www.pallas-buch.de

Seminare von Alfred R. Stielau-Pallas:

- Die Spielregeln des Erfolgs
- Die Spielregeln der Erfüllung
- Die Spielregeln für innere Freiheit und Harmonie
- Die Spielregeln der Intuition

- Die Spielregeln des Verkaufs

Kostenlos:

- ErfolgsPillen.de
- Pallas-Seminare.de - täglicher Erfolgstipp zum Lesen und Hören
- NieWiederSchulden.de

PALLAS-SEMINARE

ALFRED R. STIELAU-PALLAS

Alfred R. Stielau-Pallas schrieb bereits 1977 sein erstes Buch *„Die ZEHN GEBOTE für Ihren Erfolg"* und ist somit einer der deutschen Pioniere auf dem Gebiet *„Erfolg und Erfüllung"*! Mit seiner neuesten CD-Serie *„Das Navigations-System fürs Leben"* bestätigt er, was ihn so beliebt gemacht hat.

Das PALLAS-Seminar-Team verfügt mit inzwischen über 1.000 Seminar-Veranstaltungen pro Jahr(!) über die umfangreichste Erfahrung auf diesem Gebiet seit über 30 Jahren! Das Seminar *„Die Spielregeln des Erfolgs©"* ist deshalb so beliebt, weil die Teilnehmer nicht nach ein paar Tagen wieder allein zurechtkommen müssen, sondern mit ihren Fragen und praktischen Erfahrungen bis zu 12 Monate von diesem professionellen Team persönlich betreut werden.